Pascale Boutry • Régis Delpeuch

L'ortogafeur

Illustrations et scénario de
Pascale Boutry

Collection dirigée par
Régis Delpeuch

SEDRAP Jeunesse

Régis Delpeuch est né en 1956 à Ladornac, tout près de Sarlat.

Cet instituteur passionné et dynamique aime écrire. Sa passion et sa grande capacité de travail sont appréciées par l'Éducation nationale mais aussi par l'édition scolaire. C'est ainsi qu'il a gagné la confiance des fondateurs des Éditions SEDRAP et qu'il est devenu non seulement un auteur pédagogique précieux, mais aussi un auteur de littérature de jeunesse très apprécié par les enfants.
Régis Delpeuch, c'est plus d'un mètre quatre-vingts et plus d'un quintal d'intelligence, de générosité et de bonne humeur !
Ses élèves l'adorent et lui donnent l'envie d'écrire, les paysages et les gens du Périgord lui servent de muses et son éditeur se réjouit de pouvoir compter sur son talent.
Régis Delpeuch, c'est mille idées à l'heure et un sourire à chaque mot.

Pascale Boutry est née en 1970 à Angers (Maine-et-Loire).

Une phrase : savoir rester enfant, ouvrir la porte du « Il était une fois » pour s'évader vers des mondes de rêves, contrées lointaines et merveilleuses peuplées d'êtres fantastiques où tout est possible...
Une histoire : après avoir passé un bac A3 (option Arts plastiques), Pascale Boutry entre aux Beaux-Arts de Toulouse avec l'idée d'y apprendre un métier dans la publicité. Chemin faisant, un doute grandissant germe dans son esprit : « Aurai-je des idées pour faire de la pub de petits pois, de couches-culottes, de lessive ou de sirop pour la toux ?... »
C'est à ce stade de questionnement qu'on lui propose d'illustrer *Comment Wang Fô fut sauvé*, de Marguerite Yourcenar. Voilà, c'est tout à fait ce qu'il lui faut : avoir la tête dans les nuages, pouvoir rêver : être illustratrice !
La voilà partie avec armes et bagages pour Strasbourg, son École des arts décoratifs et l'atelier d'illustration de Claude Lapointe.
Diplôme en poche, elle revient à Toulouse où elle travaille pour les éditions Milan, Alpha Zoulou productions...
Après *Le bêtisovore*, *L'ortogafeur* est le deuxième « voyage » qu'elle propose ; alors faites vos valises, et bon voyage !

... et les amis repartent en chantant.

Point final.

Comme d'habitude, je vous laisse trois minutes pour relire votre dictée. Pas une seconde de plus ! Et pas la peine d'essayer de copier ou de parler à votre voisin : j'ai les yeux et les oreilles branchés !

« Ce coup-ci, pense Léa, à moi le 20 ! Trop fastoche, cette dictée ! Elle doit être malade, Mlle Podvach : pas un seul mot compliqué ! Et comme j'ai appris toutes mes règles par cœur, je sens bien le 20/20 ! Chouette, ça me rattrapera du zéro de jeudi dernier ! »

• Chapitre 1 •

– Je ne suis pas contente du tout ! NON ! PAS… DU… TOUT ! Hier, la dictée était facile. OUI ! TRÈS… FA… CILE ! Résultat : aucun d'entre vous n'a la moyenne. NON ! AU… CUN ! Pire encore : quinze zéros sur vingt-trois copies, OUI ! QUINZE… ZÉ… ROS ! Je ne sais plus quoi faire. NON ! JE… NE… SAIS… PLUS !

Léa n'a jamais vu la maîtresse dans cet état ! La vieille demoiselle tremble encore plus que l'écran codé de Canal + ; ses cheveux se hérissent sur son crâne et ses genoux jouent des castagnettes. Pauvre Léa : adieu son 20/20 ! Même pas la moyenne : elle n'y croit pas :

- Mais, Mademoiselle, j'ai fait aucune faute...

- Aucune faute ! Des « -s » et des « -ent » partout !

- Mais... Mademoiselle... c'est pas possible... je savais mes règles par cœur...

- Et ça, c'est mon écriture, peut-être ? hurle Mlle Podvach, en collant le cahier de Léa sous son nez. *Je chante*, « -es », et *le lion court*, « -ent » : voilà des règles bien apprises. Tu veux me les recopier cent fois, petite insolente ?

Léa se plonge dans son cahier, espérant que la tempête, au-dessus d'elle, va se calmer.

« Encore un zéro ! La tête à ma mère ! » pense-t-elle en essayant de corriger ses fautes. « C'est pas vrai : j'ai mis "-ent" à la porte ! Et ce "-s-" qui manque à coussin, je l'avais écrit ; sûr de sûr ! Pas possible, il y a quelque chose de louche... On ne peut pas être tous nuls en dictée... Et si c'était Mlle Podvach ?... Mais non... Elle ne peut pas imiter l'écriture de chaque enfant... En tout cas, Maman ne croira jamais que c'est la maîtresse qui fait les fautes à ma place ! »

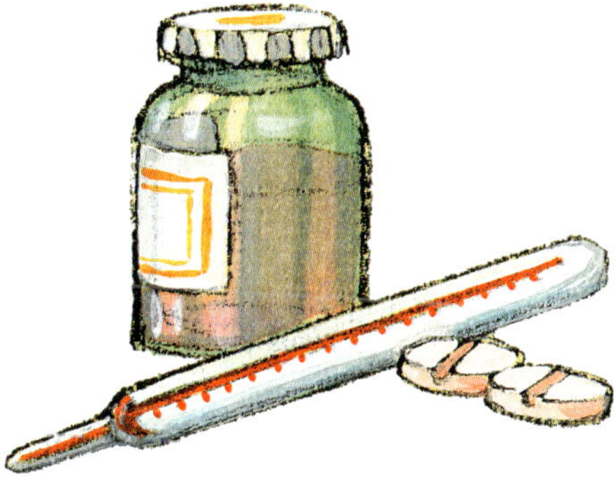

• Chapitre 2 •

– Léa, arrête de te moquer de moi ! Je suis sûre que tu n'as pas de fièvre.

Trois jeudis que Léa cherche toutes les excuses possibles pour ne pas aller à l'école, pour échapper à la dictée. Trois jeudis que Léa va à l'école, fait la dictée et récolte un zéro. Trois jeudis, surtout, que Léa dit à sa mère que la maîtresse ne note pas les dictées. Qu'elles comptent pour du beurre ! Que c'est un gros entraînement (un gros mensonge, oui !) pour la dictée d'aujourd'hui !

– M'man, j'ai mal à la tête et... au ventre aussi.

– Je veux bien croire que tu es fatiguée ; mais les vacances sont demain soir. Et aujourd'hui, pas question que tu manques l'école. Allez, debout !

Encore raté ! Va falloir avaler la dictée ! Léa se lève et file à la salle de bains. Toilette minimale : un coup de gant sur le nez, un coup de peigne dans les cheveux. Un détour par la cuisine : un quart de biscotte, une gorgée de lait, une bise à Maman et direction l'école.

« Puisqu'il faut la faire, je vais la faire ! Et sans fautes ! »

Léa est déterminée. Oui, mais voilà, dès que la maîtresse commence la dictée, les règles d'orthographe se mélangent, se cognent dans la tête de la fillette.

Et ce bruit, ces paroles derrière elle ! Qui ose parler, pendant la dictée ? Impossible de se concentrer. Furieuse, Léa se retourne pour demander à ses camarades de se taire. Mais... mais... il n'y a personne. Évidemment, elle est assise au dernier rang de la classe !

Alors, Léa s'affole. Elle n'a pas entendu les derniers mots prononcés par Mlle Podvach, et pas question de lui demander de les répéter ! Et à nouveau du bruit, des mots, une musique, une chanson au creux de son oreille :

Non, mais !
Pas de « -s » à jamais.
Mais si !
Un « -t » à fourmi.
« Je deviens folle ! » pense Léa.
Toujours « -ent » avec tu
Turlututu !
Jamais de « -e » à morue
Chapeau pointu !

« Je suis folle ! »

Elle pose son stylo et se bouche les oreilles.

Bijou, caillou
Tu es dans les choux !
Genou, hibou, joujou
« -x » ou « -s » au bout
Tout le monde s'en fout
Tête à poux !

Léa n'en peut plus. Elle tourne la tête et... se retrouve nez à nez avec...

• Chapitre 3 •

... avec une drôle de bestiole, posée sur son épaule !

Une bestiole comme elle n'en a jamais vue ! Sa tête est un nez, un grand nez pointu et retroussé avec au-dessus deux minuscules yeux et au-dessous une bouche aussi moqueuse qu'inquiétante. Plus étrange encore : il a un capuchon de stylo à encre en guise de chapeau et une robe décorée de lettres de l'alphabet. Il ne mesure pas plus de dix centimètres et a l'air transparent.

- *Salut Léa ! Alors, cette dictée, ça gaze !*

- Mais qui es-tu ? Que veux-tu ? Que fais-tu sur mon épaule ? Que...

- *Du calme, jeune fille !* fait la bestiole en sautant sur le cahier de Léa. *Je me présente : je suis l'ortogafeur.*

- L'orto... quoi ? demande Léa qui n'écoute plus du tout le texte dicté par Mlle Podvach.

L'ortogafeur !
Une dictée ? À la bonne heure !
J'arrive comme un voleur
Et tout en douceur
Je souffle des erreurs et des horreurs
À tous les enfants : les râleurs,
Les menteurs, les copieurs
Et surtout aux meilleurs.
Oui, c'est moi l'ortogafeur !

L'horrible bestiole se trémousse sur le bureau. Et avant que Léa ait pu lui

poser une autre question, il reprend son infernale chanson :

Un « -s » à la place d'un « -t »
Un pluriel oublié
Un verbe mal accordé
Ça me fait marrer.
Oui, moi mon métier
C'est de vous précipiter
Dans les pièges de la dictée.
Et croyez-moi, je suis sans pitié !

– Voilà pourquoi j'étais sûre et certaine de ne pas avoir fait toutes ces fautes ! s'exclame Léa.

Mais ce n'est pas tout
Regarde ma queue, mon p'tit loup.
Qu'y vois-tu, tout au bout ?
Une gomme et un stylo : c'est fou !

– J'ai compris ! hurle Léa. Tu te glisses entre les pages des cahiers et...

Avec cette gomme unique
J'efface à qui mieux mieux.
Avec ce stylo magique
J'ajoute tout ce que je veux.
Et qu'est-ce que je suis heureux
Quand la maîtresse vous fait les gros yeux !

- Mais, ortogafeur, pourquoi fais-tu cela ?

- *Ça, Mademoiselle, tu ne le sauras jamais !* ricane l'ortogafeur. *Et tu ne sauras jamais non plus pour qui je travaille !*

Et il disparaît, aussitôt remplacé par un visage terrible, déformé par la colère.

• Chapitre 4 •

– MAIS À QUI PARLES-TU ? MAIS OÙ EST TA DICTÉE ? MAIS C'EST INSENSÉ ! MAIS JE CROIS RÊVER ! MAIS ELLE VA ME TUER ! hurle une Mlle Podvach folle de rage, les deux mains posées sur le bureau de Léa.

– C'est la faute à l'ortoga... euh... non ! C'est ma faute... je... je suis trop fatiguée, balbutie la fillette qui éclate en sanglots.

– PLEURE, COCOTTE ! SI TU CROIS M'ATTENDRIR ! FILE CHEZ LE DIRECTEUR !

MARC, ACCOMPAGNE-LA. JE VIENS À LA FIN DE L'HEURE. CROIS-MOI : TU VAS TE RAPPELER DE MOI !

Chez le directeur, Léa s'en est bien sortie : il était de bonne humeur. Il est toujours de bonne humeur. Quand il a vu l'état de Léa, il a appelé sa mère et lui a dit de venir la récupérer.

Léa, toute pâle, a souri avant de s'inquiéter :

- Et la maîtresse ? Et la punition ? Et l'orto...

- Ne t'en fais pas, petite Léa ! Je m'occupe de Mlle Podvach : ça va me distraire. Toi, il faut que tu te reposes ! Tu seras juste en vacances une demi-journée avant tes camarades. Voici ta mère. Je vais lui conseiller de t'amener chez le docteur. Une cure de vitamines te fera le plus grand bien.

- Oh M'sieur, vous êtes trop...

- Allez, allez, dépêche-toi, Léa. Pas

la peine que ta mère croise Mlle Podvach. Le docteur aurait encore plus de travail !

– Oh merci, M'sieur !

Dans la salle d'attente du docteur, Léa, pour éviter toutes les questions de sa mère (dans la voiture, elle a fait semblant de dormir !), se plonge dans les revues. Soudain, une petite annonce publicitaire retient son attention :

Chez Esmée

TOUT POUR LA DICTÉE !
RÈGLES D'ORTHOGRAPHE
EN VRAC
TABLEAUX DE CONJUGAISON
EN TOUTES SAISONS
ACCORDS DANS LES GROUPES NOMINAUX
AU KILO

Pour tout achat
stylo rigolo et anti-gros mots
à gogo !

En y regardant de plus près, Léa s'aperçoit que la boutique d'Esmée est dans sa ville ! À quelques pâtés de maisons de son immeuble.

C'est décidé : pendant les vacances, elle lui rendra une petite visite.

• Chapitre 5 •

En tout cas, les vacances commencent mal ! Mlle Podvach n'a pas oublié Léa. Et c'est le facteur qui lui sert d'aide. Le mardi, il dépose dans la boîte aux lettres un paquet contenant le carnet d'évaluation et les dictées de Léa.

Trois dictées, trois zéros, et en cadeau, celle du jour de la sortie. Celle que Léa n'a pas faite, trop occupée à parler avec l'ortogafeur. Pourtant cette dictée est là, dans son cahier. Pas de doute, c'est bien son écriture !

Avec des fautes en veux-tu ? en voilà ! La fillette n'en croit pas ses yeux :

- C'est pas possible ! J'avais juste écrit les deux premières phrases... C'est pas possible !

Mais soudain, elle comprend tout ! C'est l'ortogafeur qui, avec sa queue-stylo, a entièrement écrit le texte de la dictée ! Et il s'est régalé : fautes à volonté ! Mademoiselle Podvach, elle, s'est déchaînée : stylo rouge à satiété ! Un énorme **0** trône dans le coin gauche de la page, avec écrit en dessous :

À corriger et à recopier cent fois, sans fautes !

Heureusement, Maman s'est d'abord plongée dans le carnet d'évaluation. Bonnes notes partout, sauf...

- Léa, tu peux m'expliquer ce qui t'arrive en dictée ?

- C'est pas ma faute, Maman. J'te jure que c'est pas ma faute ! Je peux pas t'expliquer, mais toutes ces fautes,

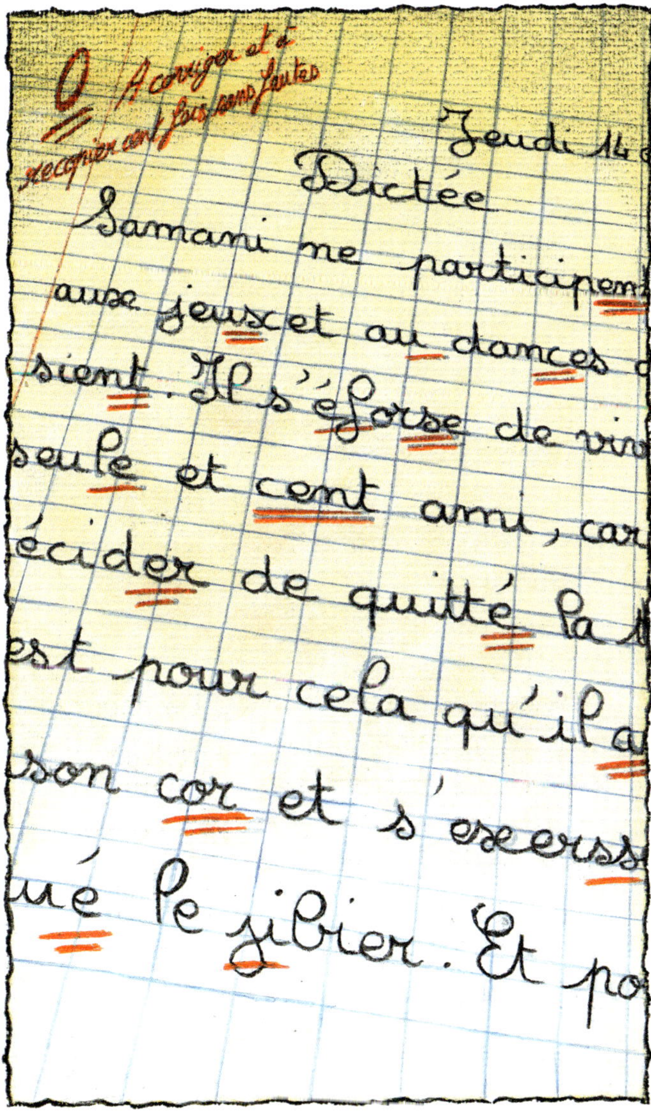
0
A corriger et à recopier cent fois sans fautes
Jeudi 14
Dictée
Samami ne participent
auxe jeux et au dances
sient. Il s'éforse de viv
seule et cent ami, car
écider de quitté la
est pour cela qu'il a
son cor et s'exerss
ué le jibier. Et po

c'est pas ma faute ! D'ailleurs, regarde la moyenne de la classe : 1,5/20 !

– Peut-être que la maîtresse vous donne des dictées trop compliquées. Montre-moi ton cahier !

Léa, terrorisée, tend son cahier à sa mère, quand la sonnette de la porte d'entrée retentit.

– 15 heures : c'est madame Dutertre ! Je file avec elle à la réunion des Restos du cœur. Je verrai tes dictées demain. Bises, Léa. Si tu ne sais pas quoi faire cet après-midi, relis tes règles d'orthographe.

Mais Léa sait ce qu'elle a à faire ! Plus décidée que jamais, elle saute dans ses baskets, et plan du quartier à la main, fonce chez madame Esmée. Tout essoufflée, elle frappe à la porte d'une petite échoppe. Une adorable grand-mère lui ouvre. Une grand-mère tout bonheur qui fait entrer Léa dans une pièce minuscule. Les murs y sont tapissés d'étagères qui débordent de livres, cahiers, carnets et classeurs.

- Que désires-tu, ma petite fille ? Soupe de verbes du 1er groupe, accords de participes passés en gelée, purée de mots commençant par « ap- », platée d'adjectifs qualificatifs de couleur, salade de mots invariables, compote de noms en « -oire » ?

- Euh... non, Madame.

- Appelle-moi Esmée, voyons !

- Euh... madame... Esmée, est-ce que vous auriez des stylos à encre ineffaçable ?

- Quelle drôle de demande ! Mais tu as de la chance : j'en ai tout un paquet que je n'ai jamais pu vendre. Combien en veux-tu, mademoiselle...

- Léa, je m'appelle Léa. J'en voudrais 25. Un pour chacun de mes camarades de classe.

- Mais ils sont très chers, ma petite Léa.

- J'en ai vraiment besoin, Madame ! Et puisque personne n'en veut, vous pourriez peut-être me les donner ?

Esmée hésite un long moment puis propose :

- D'accord Léa, je te les donne. Mais à une condition : que tu passes, toi ou un de tes camarades, tous les soirs à la sortie de l'école, pour me lire une histoire. Depuis un an, je n'y vois plus correctement et j'en ai vraiment assez de toutes les bêtises que j'entends à la télé et à la radio.

- D'accord, madame Esmée ! Ils vont tous être d'accord ! Un quart d'heure de votre sourire, pour oublier les cris et les grimaces de Mlle Podvach, c'est trop chouette !

Léa sort de chez Esmée avec au fond de son cartable vingt-cinq stylos à encre ineffaçable, et au fond de son cœur l'immense espoir de se débarrasser au plus tôt de l'ortogafeur !

• Chapitre 6 •

– Va s'user, la gomme !

– Va s'casser, la plume !

– Va être obligé de changer d'école !

– Bien fait pour lui !

– Et que personne ne lui parle !

– Que personne ne l'écoute, surtout !

– Moi, j'ai des boules Quies !

– T'entendras pas la maîtresse.

– T'as oublié comment elle crie ?

– Mais avec sa queue-stylo, il pourra toujours nous rajouter des fautes !

- C'est pour ça qu'il faut écrire très très serré.

- Léa, t'es géniale !

Il lui en avait fallu, du temps, pour décider tous les élèves de sa classe. Ah ! ils s'étaient moqués d'elle et de son ortogafeur, les Max, Mehdi, Julien,

José, Lucas... Ah ! elles avaient souri et papoté à souhait, les Mathilde, Mélanie, Farida, Nina, Sarah...

Mais, petit à petit, ils s'étaient tous laissé convaincre. Certains par les arguments de Léa, et d'autres parce que ça les arrangeait bien : une bestiole qui fait des fautes à votre place, ça soulage !

C'est Esmée qui, involontairement, avait le plus aidé Léa. Le lundi de la rentrée, après l'école, la fillette avait amené ses deux meilleurs amis, Estelle et Adrien, dans la petite boutique d'Esmée.

Tout intimidés en arrivant, les trois enfants en étaient ressortis une demi-heure plus tard les yeux emplis de soleil !

Esmée leur avait tendu un livre, puis s'était confortablement installée dans son fauteuil, bras croisés, yeux fermés et sourire aux lèvres.

- C'est un livre pour enfants ! s'était exclamée Estelle, dès que Léa avait commencé la lecture.

- Bien sûr, avait chuchoté Esmée. Les plus belles histoires sont dans les livres pour enfants. Allez, lis, Léa !

Ce vieux monsieur et cette vieille
dame sont les parents de M. Bucket.
Ils s'appellent grand-papa Jo et
grand-maman Joséphine.
Et voici deux autres vieux :
le père et la mère de Mme Bucket.
Ils s'appellent grand-papa Georges
et grand-maman Georgina...

Alors, le mardi matin, quand ils avaient raconté leur soirée, tous les enfants, même ceux qui n'aimaient pas trop lire, avaient les yeux qui pétillaient d'envie. Tous promirent d'aller faire la lecture à Esmée, et tous s'équipèrent de son fameux stylo à encre ineffaçable.

Mlle Podvach n'en revient pas : tous les élèves sont hyperconcentrés pendant la dictée. Pas un mot, pas un bruit. Elle trouve bien bizarre qu'ils aient tous le même stylo ; mais elle met ça sur le compte d'une nouvelle publicité.

« C'est pas pour ça qu'ils vont faire moins de fautes ! » pense-t-elle en relisant le texte de la dictée.

Mais le soir, elle est bien obligée de constater que le nombre de fautes a considérablement diminué. Elle a trois 20/20 et tous, sauf Nicolas et Chloé (ils avaient oublié leur stylo à la maison !) ont la moyenne. Pourtant, elle n'a pas l'air contente. Bizarre, non ?

Le jeudi suivant, Léa n'est pas surprise quand, à la fin de la dictée, elle entend un léger bruit, sur son épaule.

- Salut, ortogafeur, ça boume !
- *Mmouais, bof ! J'suis un peu fatigué.*
- T'aurais pas la gomme irritée ?

- *Comment tu sais ça, Léa ?*

- Hé, hé !

- *Je suis sûr que tu es allée raconter à tes copains tout ce que je t'ai dit : ils ne m'écoutent plus !*

Tu crois que j'allais me gêner ! T'es fichu, ortogafeur. Faut changer de secteur !

- *Tu rêves, Léa. Demain, je reçois une nouvelle gomme pour encre ineffaçable. Ha, ha, ha !*

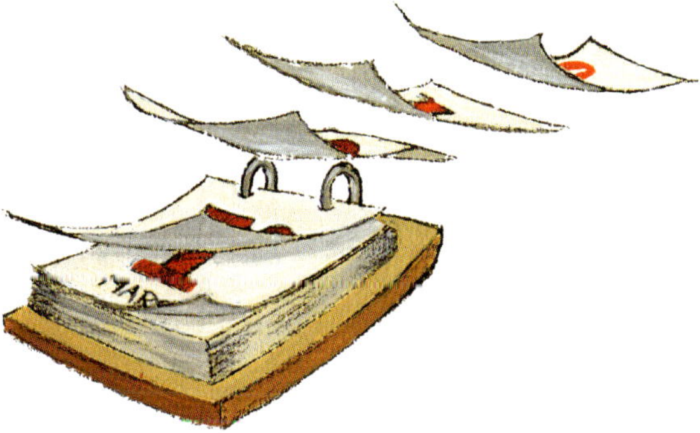

• Chapitre 7 •

Bientôt trois mois que les enfants se précipitent chaque soir chez Esmée. Ils ont avalé tout le chocolat de la chocolaterie Wonka ; ils ont répondu à toutes les questions du Petit Prince ; ils ont parcouru les Grandes Plaines avec Samani ; ils sont montés sur le dos du loup avec Marinette et Delphine ; ils sont devenus les meilleurs amis de tous les habitants de la rue Mouffetard, et... ils ne font plus aucune faute à la dictée. Enfin, presque plus !

Pauvre ortogafeur : même sa nouvelle queue-gomme n'a pu effacer l'encre des stylos d'Esmée. Léa ne le voit presque plus. Mais quand elle le voit, il lui marmonne toujours la même rengaine :

J'suis toujours fatigué
Mais plus du tout déprimé
Car pas besoin d'être sorcier
Un jour tous vos stylos vont s'vider
Et quand plus d'encre vous n'aurez
Toutes mes fautes vous avalerez !

Une chansonnette qui inquiète Léa. Surtout depuis que Esmée lui a dit ne plus avoir aucun stylo miracle.

- Léa ! Léa ! Vite, viens vite !
- Qu'est-ce qui t'arrive, Estelle ? demande Léa qui abandonne ses devoirs et enjambe la fenêtre de sa chambre pour rejoindre sa copine.
- Esmée a disparu !
- Disparue ?
- Oui, elle n'est plus chez elle.
- Elle a dû aller faire une course.
- Non ! Elle a disparu. Y'a plus rien dans son magasin. Quand on est arrivés avec Adrien, la porte était ouverte.

ESMÉE

On est entrés : tout est vide ! Complètement vide ! Plus un cahier, plus un carnet… plus rien !

- Vous vous êtes trompés de boutique. C'est pas possible ! Elle nous aurait prévenus ! Viens, on y retourne.

Mais quelques minutes plus tard, Léa est bien obligée de se rendre à l'évidence : la grand-mère bonheur s'est volatilisée.

Alors, sans un mot, sans un regard pour Estelle, Léa referme la porte de la petite échoppe et, les larmes aux yeux, regagne sa maison. Elle pleure encore quand sa mère rentre du travail.

- Léa chérie, il y a du courrier pour toi.

- …

- Une grosse enveloppe.

- …

- Ne te dérange pas. Je peux te la lire. C'est une madame Esmée qui te l'envoie. Il y a son nom au dos de ...

– NON !!! TOUCHE PAAAAS !!! J'ARRIVE !

Léa déboule comme une folle dans la cuisine. Elle arrache l'enveloppe des mains de sa mère et se précipite dans sa chambre. Elle tourne le précieux trésor dans tous les sens et d'un coup, d'un seul, l'ouvre. Une gomme et un petit carton tombent sur son lit. Sur le carton, une seule phrase :

Cette gomme effacera tous tes soucis, surtout celui du jeudi.
Esmée

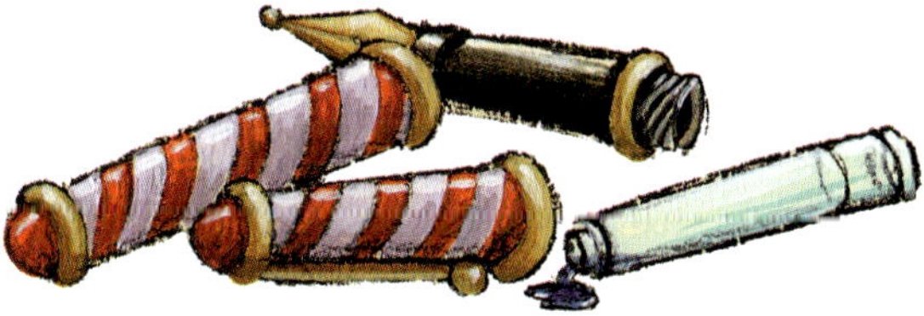

• Chapitre 8 •

Esmée a disparu le mardi soir. Le mercredi, Léa et tous ses copains ont sillonné le quartier et toute la ville. En vain !

Aussi, ce jeudi matin, l'ambiance est sinistre dans la classe. Moral à zéro et calme plat. Seule Mlle Podvach gesticule et vocifère. « Elle n'est jamais contente, pense Léa. Quand on parle, elle crie ! Quand on ne dit rien, elle crie ! Elle a dû naître en criant ! »

Après la leçon de géométrie, place à la dictée et à... l'ortogafeur.

- Tiens, te voilà ? dit Léa qui du coup retrouve le sourire.

Eh oui ! c'est moi, l'horrible,
l'affreux ortogafeur
Et j'serais toi, j'rirais beaucoup moins,
Car vos stylos sont presque vides,
quel bonheur !
Et ma nouvelle gomme est très
au point !

- En parlant de gomme, regarde celle que j'ai trouvée. Je t'en fais cadeau.

- *Chouette ! Fallait pas ! Oh... NON ! PAS CELLE-LÀ ! Pas la gomme effaçortogafeur ! NON !!! Mais qui te l'a don...*

Mais l'horrible bestiole n'a pas le temps de finir de poser sa question. Car au fur et à mesure que Léa remue la gomme devant lui, sa queue, ses pattes, son corps, ses bras, son museau

s'effacent. Il ne reste plus que le capuchon de stylo, puis... plus rien.

– Ça y est, je l'ai eu ! hurle Léa.

Tous ses amis explosent de joie et jettent en l'air leur stylo et leur cahier de dictée. Mlle Podvach, surprise puis tétanisée, s'évanouit.

Épilogue

Le lendemain matin, une autre surprise attend les enfants.

- Votre maîtresse, Mlle Podvach, ne reviendra plus, dit le directeur.

- Elle s'est fait mal en tombant ? demande Adrien.

- Non.

- Elle est malade ? s'inquiète Léa.

- Non plus.

- Elle est à la retraite ? questionne Estelle.

- Non, pas encore. Mais dans une minute va arriver votre nouvelle maîtresse, dit le directeur en quittant la classe.

- J'ai compris ! hurle Max, dès que la porte est refermée.

- T'as compris quoi ?

- L'ortogafeur, il travaillait pour Mlle Podvach !

- T'es sûr ?

- Absolument ! Et sans lui, elle ne sert plus à rien : on ne fait plus de fautes ! Hier soir, elle ne l'a pas retrouvé, alors elle a démissionné !

- Et tu crois que tous les maîtres et toutes les maîtresses ont un ortogafeur ?

- Ça, j'en ai bien peur, dit la nouvelle maîtresse, en rentrant dans la classe. Prenez vos cahiers de dictée et vous allez le savoir bientôt !

ISBN : 978-2-84117-398-3

Société d'Édition et de Diffusion
pour la Recherche et l'Action Pédagogique.
9 rue des Frères-Boudé • BP 10665 • 31106 TOULOUSE Cedex 1
www.sedrap.fr

Loi n°49-956 du 16 juillet 1949 sur les publications destinées à la jeunesse.
Dépôt légal : juin 2003
réf : RCOGZA
Achevé d'imprimer en Espagne par Graficas Lizarra : Août 2013